BEI GRIN MACHT SICH I
WISSEN BEZAHLT

I0013640

- Wir veröffentlichen Ihre Hausarbeit,
  Bachelor- und Masterarbeit

- Ihr eigenes eBook und Buch -
  weltweit in allen wichtigen Shops

- Verdienen Sie an jedem Verkauf

Jetzt bei www.GRIN.com hochladen
und kostenlos publizieren

Bibliografische Information der Deutschen Nationalbibliothek:

Die Deutsche Bibliothek verzeichnet diese Publikation in der Deutschen National-
bibliografie; detaillierte bibliografische Daten sind im Internet über http://dnb.d-
nb.de/ abrufbar.

Impressum:

Copyright © 2018 GRIN Verlag
Druck und Bindung: Books on Demand GmbH, Norderstedt Germany
ISBN: 9783668847958

Dieses Buch bei GRIN:

https://www.grin.com/document/446807

Lea Renders

Aus der Reihe: e-fellows.net stipendiaten-wissen

e-fellows.net (Hrsg.)

Band 2859

Anforderungen und Herausforderungen von IT-Architekturen im Umfeld von Big Data

Lambda Architektur als universeller Lösungsansatz

GRIN Verlag

GRIN - Your knowledge has value

Der GRIN Verlag publiziert seit 1998 wissenschaftliche Arbeiten von Studenten, Hochschullehrern und anderen Akademikern als eBook und gedrucktes Buch. Die Verlagswebsite www.grin.com ist die ideale Plattform zur Veröffentlichung von Hausarbeiten, Abschlussarbeiten, wissenschaftlichen Aufsätzen, Dissertationen und Fachbüchern.

Besuchen Sie uns im Internet:

http://www.grin.com/

http://www.facebook.com/grincom

http://www.twitter.com/grin_com

FOM Hochschule für Ökonomie &Management

Seminararbeit

IT-Architekturen

Neue IT-Architekturen im Umfeld von Big Data

Inhaltsverzeichnis

Abkürzungs- und Abbildungsverzeichnis

Abbildungen

Abkürzungen

PaaS - Platform as a Service

IaaS - Infrastructure as a Service

Faas - Functions as a Service

SaaS - Software as a Service

BaaS - Back End as a Service

AWS - Amazon Web Services

VM- Virtual Machine

EDA IT- Event-driven architecture IT

Zukunft der IT-Architektur

"The issue is no longer where the information lives - what server, what application, what database, what data center. It's actually now all about putting information to work. It is about transforming data from passive to active, from static to dynamic - transforming data into insight." Carly Fiorina[1]

Heutzutage stehen viele Unternehmen angesichts enorm wachsender Datenmengen vor großen Herausforderungen. Veränderte Kundenbedürfnisse, wie 24/7 Service Verfügbarkeit von Anwendungen und schnelle Verarbeitung von Daten, aber auch neue dynamische Geschäftsmodelle, zwingen Unternehmen zu einer schnellen, fehlerfreien und sicheren Verarbeitung von Daten in mobil und online genutzten Anwendungen. Dabei stehen Unternehmen unter Kostendruck und vor der Frage, wie man die vorhandenen Daten nutzen sollte, um wettbewerbsfähig zu bleiben. Hier stoßen klassische Enterprise – IT – Architekturen bezüglich Flexibilität, Kapazität und Kosten an ihre Grenzen. Bestehende IT Systeme sind oft auf Zuverlässigkeit, Beständigkeit sowie Effizienz ausgerichtet und stehen losgelöst vom Kunden sehr starr IT-zentrisch. Zusammengestrickte Software bedingt schlecht vernetzte Systeme mit schlecht strukturierten Datenbanken, Nutzeroberflächen sowie Produktinformationen und alte Computer sind oft ein Sicherheitsrisiko. Für die Unternehmen stellt sich die Grundsatzfrage, inwiefern und auf welchem Weg sie sich für die Zukunft wappnen und im digitalen Zeitalter erfolgreich sein können. Gleichzeitig kämpfen Unternehmen mit Kostendruck, veralteten IT-Strukturen und knappen Budgets sowie regulatorischen Anforderungen. Eine gut durchdachte, moderne IT-Architektur ist deswegen heutzutage eine wesentliche Investition für ein Unternehmen, um wettbewerbsfähig zu sein und den veränderten Anforderungen und Bedürfnissen der Kunden gerecht zu werden. Innovative IT Anwendungen sind auf Flexibilität, Schnelligkeit sowie Innovation ausgerichtet und stehen kundenzentriert nah am Kunden.[2] Wesentlich bleibt dabei ein akzeptables Budget, denn die Modernisierung der IT kostet im ersten Schritt Geld. Unternehmen scheuen sich vor den enormen Risiken, welche mit einer Totalumstellung verbunden sein können, wie Probleme bei der Datenmigration und unerwartete Mehrkosten. Jedoch müssen Gelder, die bei nicht umgesetzten Neuanschaffungen gespart werden, im Gegenzug in die In-

---

[1] (Fiorine, 2004)
[2] (Mingay, 2016)

standhaltung und Wartung der alten Systeme investiert werden. Erfolgsfaktoren sind daher abgestimmte Prioritäten im IT- sowie Geschäftsbereich und eine anpassungsfähige, moderne, flexible Architektur mit Fähigkeit zur Datenanalyse. Eine agile Weiterentwicklung von Organisation, Personal und Betrieb ist von Bedeutung. Laut der Globalen Bain CIO Studie 2016 wissen die meisten Manager, dass die vorhandene IT-Architektur nicht reicht, um die Ziele in wichtigen Unternehmensbereichen zu erreichen.[3]

Zukünftig gibt es acht zentrale Bausteine, die unabdingbar für moderne IT-Architekturen sind:

- Daten: wachsende Datenvolumen von strukturierten und unstrukturierten Daten, müssen mit immer anspruchsvolleren Analysen verarbeitet werden
- Infrastruktur: überall und zu jedem Zeitpunkt verfügbare Rechenleistung mit schneller und möglichst automatischer Konfiguration
- Hochgeschwindigkeitsarchitektur: Die gesamte IT-Architektur muss schnell und agil sein
- Anwendungs- und Entwicklungsplattformen: Fokus auf strategischen und flexibel skalierbaren Standardplattformen, unter anderem auch Platform as a Service Konzepte
- Anwendungen: Lose gekoppelte Systeme, Nutzung von Microservices und Software as a Service Konzepte
- Integration: Webbasierte Kopplungen ergänzen beziehungsweise ersetzen Enterprise-Service-Bus-Konzepte
- Kanäle und Endgeräte: Reibungsloser Wechsel zwischen verschiedenen Kanälen und Endgeräten, wobei mobile Kanäle als vorrangig zu betrachten sind, da diese von Kunden stärker nachgefragt werden
- Sicherheit: Cyberattacken betreffen alle Bausteine der IT-Architektur und somit wird ein ganzheitliches Sicherheitskonzept benötigt[4]

Kurzum: Eine moderne Architektur sollte möglichst alle Arten an Daten kostengünstig, schnell, fehlerfrei und sicher verarbeiten sowie die Daten zu jeder Zeit, an jedem Ort, von jedem Gerät aus abrufbar sein. In dieser Arbeit wird erörtert, ob neue IT-Architekturen diesen Anforderungen in der Praxis gerecht werden und einen Mehrwert für Unternehmen generieren können.

---

[3] (Ingolf Zies, 2016)
[4] (Ingolf Zies, 2016)

Das Stichwort hierbei ist oft Big Data. Im Folgenden wird erläutert, warum Big Data im Zuge einer Umstrukturierung der Unternehmens IT-Architektur beachtet werden sollte.

Big Data

Definition

Big Data bezeichnet große Mengen an strukturierten und unstrukturierten Daten, welche Unternehmen im täglichen Geschäft anhäufen. [5]

Bedeutung für Unternehmen

Durch mobile Anwendungen und die zunehmende Digitalisierung aller Arten von Geschäftsprozessen, wächst die Menge an Daten beständig. Für ein Unternehmen ist es nicht nur wichtig, die meisten Daten zu besitzen, sondern auch mit den Vorhandenen geschickte, wertschöpfende Analysen durchzuführen, um sich so einen Wettbewerbsvorteil zu verschaffen. Die Ergebnisse der Analysen können Chancen für Kostenreduzierung, Zeiteinsparung, Produktentwicklung sowie Angebotsoptimierung sein. Dies heißt konkret, Prozesse, insbesondere bei Kundenansprache sowie –kontakt, zu optimieren und weitere intelligente strategische Entscheidungen auf Basis dieser Verbesserungen treffen zu können. Werden Daten intelligent verarbeitet und analysiert, bietet dies in vielerlei Hinsicht eine große Chance für ein Unternehmen. [6,7]

Charakteristiken von Big Data

Oftmals werden in der Literatur sogenannte 3Vs beschrieben, welche Big Data charakterisieren:

- Volume: Das Datenvolumen, welches jeden Tag generiert wird, ist big
- Velocity: Die Geschwindigkeit, mit welcher Daten generiert, produziert und erschaffen werden, ist sehr hoch und schnell
- Variety: Es gibt nicht nur strukturierte, sondern zunehmend mehr semi- oder unstrukturierte Daten, welche verarbeitet werden müssen. Dies sind beispielsweise Wetterdaten.

---

[5] (Dominik Klein, 2013)
[6] (Narthan Marz, 2015)
[7] (Deviln, 2012)

In der Praxis lassen sich noch weitere Charakteristiken feststellen:

- Variability: Verschiedene Datendimensionen und unterschiedliche Längen der Daten-verarbeitungszeit
- Veracity: Die Richtig- und Wahrhaftigkeit von Daten ist zu hinterfragen
- Validity: Die Genauigkeit und Korrektheit von Daten, gute Datenqualität ist die Voraus-setzung für gute Analysen
- Volatility: Wie lange sind Daten heutzutage aktuell und nutzbar für Analysen
- Visualization: Big Data ist schwer zu visualisieren
- Value: In Daten kann ein Mehrwert gefunden werden, wenn diese unternehmensspe-zifisch analysiert werden[8]

Die weiteren Vs auch aufzuführen und zu betrachten, bringt ein klareres Bild von den Ausprä-gungen, welche Big Data annehmen kann und definiert die Anforderungen an IT-Strukturen, welche Big Data verarbeiten und analysieren sollen. Es zeigt sich, dass der Umgang mit Big Data zu komplexen Strukturen führt. Diesen vielfältigen Anforderungen können herkömmliche Strukturen nicht gerecht werden, da sie nicht flexibel genug sind.

Neue Anforderungen an IT-Strukturen

Bei dem großen Begriff Big Data geht es im Grundsatz immer darum, einen Wert aus vorhan-den Daten aller Art zu ziehen, um verschiedenen Geschäftsbereichen in einem Unternehmen wertvolle Insights verfügbar zu machen und dadurch einen branchenweiten Wettbewerbsvor-teil zu bekommen. Da durch Internet-der-Dinge-Konzepte und die Messbarkeit fast aller Ge-schäftsprozesse das Datenaufkommen zukünftig weiter stark wachsen wird, ist es für viele Unternehmen vorteilhaft, sich zu datengesteuerten Unternehmen zu transformieren.

Ein klassisches Enterprise Data Warehouse strukturiert sämtliche Daten in herkömmlichen relationalen Datenbanken, tiefgreifende Analysen sind mit den vorhandenen Softwareapplika-tionen nur langsam oder vordefiniert möglich. Vielmals werden für Analysen zudem nur Be-triebsdaten aus dem Enterprise Ressource Planning und Costumer Relationship Management verwendet. Diese Enterprise Warehouse Infrastrukturen sind sehr kostenintensiv und nicht in der Lage, das Datenvolumen im Petabyte-Bereich, die Datenvielfalt, die Datengeschwindigkeit

---

[8] (Firican, 2017)

sowie Streaming-Daten zu managen und Daten in einen Kontext einzubetten. Dies bedeutet, dass nur ein Bruchteil der erzeugten Unternehmensdaten analysiert und für die Optimierung der Prozesse oder das Treffen strategischer Entscheidungen genutzt werden kann, was ein Unternehmen daran hindert, Muster, Trends und sonstige Insights zu identifizieren.[9] Eine moderne IT-Architektur muss auf Agilität und Geschwindigkeit ausgerichtet sein, ohne dabei wichtige Komponenten wie Sicherheit, Struktur, Korrektheit und regulatorische Anforderungen zu vernachlässigen.

Im Folgenden werden zwei Basisarchitekturen für Big Data Anwendungen und Analysen beschrieben,welche aufeinander aufbauen.

---

[9] (Lars Bodenheimer, 2015)

Serverless Computing

„no server is easier to manage than having no server at all" Werner Vogel, Amazon CTO[10]

Ein Ansatz, um Big Data Technologien in einer Unternehmensarchitektur umzusetzen, ist das serverless Konzept. Es bietet die Möglichkeit, traditionelle Systeme um sechs Schwerpunktbereiche zu ergänzen beziehungsweise eine Architektur komplett neu aufzubauen: Datenspeicherung, Datenintegration, Analytics Processing, Visualisierung und Daten Governance. Dieser Ansatz ermöglicht die Durchführung von Ad-hoc-Analytics, maschinellem Lernen und operativer Intelligenz, erhöht aber die Gesamtkomplexität. [11]

Entwicklung und Prinzip

Das serverless Konzept ist der nächste Schritt nach der Evolution der Cloud Konzepte, da man die Strukturen von Architekturen von Grund auf neu überdenkt. Bei Cloud-Computing wird die Infrastruktur für eine Anwendung mittels virtuellen Servern bereitgestellt. Jedoch wird stets eine Umgebung benötigt, um den Code auszuführen – dies entfällt beim serverless Konzept, da hier die Codes beim Host ausgeführt werden.

2006 begann Amazon die Entwicklung mit Infrastructure as a Service, gefolgt von Heroku mit Platform as a Service 2007. Mit der Einführung von Docker und kubernetes wurden jene 2013 massentauglich. Docker ermöglicht es, Anwendungen und ihre Abhängigkeiten in leichtgewichtige Container zu packen, die schnell starten und voneinander isoliert sind.[12,13,14] Microsoft adaptierte diese Konzepte 2017 mit Microsoft Azure. Das Prinzip der service oriented architecture ist die Basis für serverless: Der Grundsatz ist, dass ein System aus vielen unabhängigen Komponenten besteht, die mittels message passing miteinander kommunizieren. Dies wird heute via Microservices umgesetzt. Microservices bewirken eine Modularisierung von Software. Das heißt, ein Microservice ist eine kleine Anwendung beziehungsweise eigenständig ausführbare Software Komponente, die mit anderen Microservices sowie Softwarekomponen-

[10] (AWS re:Invent, 2015)
[11] (Narthan Marz, 2015)
[12] (Mike Roberts, 2017)
[13] (Merkel, 2014)
[14] (Fink, 2014)

ten kollaborieren kann. Die unterliegenden Codes sind leicht zu verstehen, unkompliziert in ein System zu integrieren und Daten können gespeichert werden.[15,16]

Heutzutage gehören zu serverless zudem die Konzepte Backend as a Service und Functions as a Service. Backend as a Service dient dem Outsourcing von Produktionsanwendungen, oftmals mobile services. Functions as a Service stellt individuelle Funktionen bereit. In älteren Architekturen gab es eine Host Instance mit VM und Container, die jede Applikation ausführte. Beim serverless Konzept laufen die Operations über die FaaS Plattform- nur bei Bedarf wird eine Funktion in einem Container abgewickelt und nach erfolgreicher Durchführung wird der Container wieder geschlossen. Dies stellt ein im Grundsatz anderes Prinzip dar, welches agiler, schneller und ressourcenschonender ist.[17]

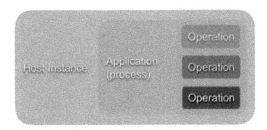

Abbildung 1 - Alte Funktionsweise von Deployments[18]

Abbildung 2 - Neue Funktionsweise von Deployments[19]

---

[15] (Newman, 2015)
[16] (Thones, 2009)
[17] (Sbarski, 2017)
[18] (Mike Roberts, 2017)

Generell lassen sich fünf Prinzipien für ideale serverless Konzepte aufstellen:

- Ein Computing Service wird zur Ausführung von Codes bei Bedarf genutzt, keine Server
- Es werden zustandslose Funktionen für einen bestimmten Zweck geschrieben
- Event gesteuerte, push basierte Pipelines werden designed
- Es werden dickere und stärkere front ends generiert
- Drittanbieter Services sind ein wichtiger Baustein [20]

Limitationen und Vorteile

Das Outsourcing Konzept bietet vielfältige Vorteile für ein Unternehmen:

- Kein Management von Server Hosts und Server Prozessen nötig
- Automatische Skalierung basierend auf dem aktuellen Workload
- Kosten entstehen nur bei Nutzung, es gibt keine Fixkosten mehr
- Hohe Verfügbarkeit - allerdings keine Desaster Recovery, diese muss separat bereitgestellt werden[21]

Somit kann eine Kostenreduzierung erzielt werden, da nur für Infrastruktur gezahlt wird, wenn man sie benötigt, kein Bereitstellungsmanagement und keine Administration von Serverhardware vorhanden sein muss und variable Workloads durch einfache und automatische Skalierbarkeit spezifisch abgedeckt werden können. Des Weiteren kann man auf effektiven Hardware Support zurückgreifen, da man für jedes operationale Problem spezifische Experten ansprechen kann. Zudem ist serverless schnell bezüglich der Entwicklung und Bereitstellung neuer Programme und Anwendungen sowie von kompletten Systemen, welche innerhalb von zwölf Stunden aufgesetzt werden können. Die Limitationen solcher Konzepte sind wie folgt:[22]

- Vendor lock in: Jeder Anbieter hat verschiedene Grundlagen, sodass es schwer ist, beispielsweise bei Unzufriedenheit den Anbieter zu wechseln
- Kontrollverlust: Es besteht eine Abhängigkeit vom Anbieter. Wenn das System eine Downtime hat, kann man als Kunde nichts machen. Zudem ist ein alternativer Backup Plan zur Datenwiederherstellung notwendig

---

[19] (Mike Roberts, 2017)
[20] (Sbarski, 2017)
[21] (Mike Roberts, 2017)
[22] (Mike Roberts, 2017)

- Testen: Einzelne FaaS Units sind leicht zu testen, da das Programmierungsmodell simpel ist. Schwierig wird es bei funktionellem Testen von ganzen Systemen, da eine komplett automatisierte Bereitstellung vorliegen muss

- Latenz: serverless Konzepte haben mehr Komponenten als eine traditionelle Architektur, somit kann es beim erstmaligen Abspielen des Codes zu Latenzen kommen.[23]

Der Kontrollverlust wird auch in Zukunft eine Limitation bleiben, wohingegen das Testen und die Latenz in weiteren Entwicklungsschritten mit großer Wahrscheinlichkeit kein Problem mehr darstellen werden. Für die Anbieter gilt: desto standardisierter und ähnlicher die Anwendungen sind, desto attraktiver sind sie für Kunden, da ein einfacher Wechsel zwischen Anbietern möglich ist. Dies ist wettbewerbstechnisch jedoch nicht interessant für die Unternehmen, sodass man hier die weiteren strategischen Entscheidungen der Anbieter beobachten muss.[24]

---

[23] (Mike Roberts, 2017)
[24] (Mike Roberts, 2017)

Lambda Architektur

Die Lambda-Architektur stellt einen universellen Ansatz zum Implementieren einer beliebigen Funktion in einem beliebigen Datensatz bereit, wobei die Funktion die Ergebnisse mit niedriger Latenz zurückgibt.[25]

Sie beschreibt den konzeptionellen Aufbau einer Functions as a Service Plattform, welche Codes als Antwort auf Events ausführt. Lambda ist eine generische, skalierbare und fehlertolerante, gegenüber Hardware und menschlichen Fehlern, Datenverarbeitungsarchitektur. Es können eine große Anzahl an Workloads und Use Cases ausgeführt werden und sie ist linear skalierbar.[26]

Anforderungen an eine Big Data Architektur

Aufbauend an den Anforderungen an eine moderne IT-Architektur ressourceneffizient, skalierbar zu sein und fehlerfreie Abläufe zu garantieren, ergeben sich spezifische Anforderungen an eine Big Data Architektur:

-   Robustheit und Fehlertoleranz: Ein System muss trotz etwaigen Ausfällen von Maschinen, der Komplexität in Datenhaushalten sowie doppelten Datensätzen laufen. Somit sollte ein robustes System jene Komplexitäten vermeiden. Menschen machen Fehler, indem sie beispielsweise falsche Codes in eine Datenbank eingeben, welche Werte verfälschen. Hier sollten die Prämissen Unveränderlichkeit und Neuberechnung in den Kern eines Big Data Systems integriert sein, beispielsweise durch einen klaren und einfachen Mechanismus für die Wiederherstellung, wodurch Systeme gegenüber menschlichen Fehlern resistent sein können.
-   Skalierbarkeit und Generalisierung: Ein System soll auch bei steigenden Datenmengen eine gleichbleibende Performance bieten und zudem einer großen Spannweite von Anwendungen und Funktionen dienen können.
-   Erweiterungsfähigkeit: Neue Funktionen oder Änderungen in der Funktionsweise eines Systems sollten leicht und mit minimalen Entwicklungskosten umsetzbar sein. Ein

---

[25] (Narthan Marz, 2015)
[26] (Hausenblas, 2017)

wichtiger Punkt hierbei sind Datenmigrationen hin zu neuen Formaten. Jene Migrationen sollten schnell und einfach auch bei großen Datenmengen durchführbar sein.

- Ad Hoc Anfragen und minimale Wartungsaufwände: Jedes Dataset hat Wert in sich,
welcher jederzeit mithilfe von Anfragen hinterfragt werden sollte, da es Potenzial für
Unternehmensoptimierung und neue Anwendungen bietet. Dabei sollten die Wartungsaufwände eines Systems so gering wie möglich sein, da diese für ein Unternehmen keinen Mehrwert bringen. Die Auswahl von Anwendungen mit geringer Imple-
mentationskomplexität ist eine Grundlage hierfür. [27]

Herkömmliche IT-Architekturen bieten keine Möglichkeit, alle genannten Anforderungen zu
kombinieren und das Unternehmen bei einer Optimierung der Geschäftsprozesse zu unterstützen. Es ist elementar auf agile Systeme umzusteigen, um zukünftig auf der Gewinnerseite
der Digitalisierung zu stehen und die gestiegenen Kundenanforderungen befriedigen zu können.

Entwicklung

Amazon Web Services hat im November 2014 das Konzept der Lambda Architektur vorgestellt.
Die erste Version hatte 1 Gigabyte Memory und eine 60 Sekunden Runtime. 2015 kam der Java
8 Support, 1,5 Gigabyte Memory, ein API Gateway und eine Python Runtime, welches den
Funktionen mehr Zeit zur Ausführung gibt. Die Generierung neuer Features ging 2016 mit C#,
DIQ und Lambda@edge weiter und im Mai 2017 wurde der X-Ray support etabliert, welches
Entwicklern dabei hilft verteilte Anwendungen, die z. B. über eine Microservices-Architektur
verfügen, zu analysieren und zu debuggen. Heute ist Lambda immer noch ein neues Konzept,
welches regelmäßig neue Features und Verbesserungen erfährt. Innerhalb AWS ist es nun Teil
der sogenannten compute family of services, wie Elastic Computer Cloud, Elastic Container
Service und Light Sale. Zudem ist Lambda leicht in andere AWS Services wie dem API Gateway,
Cognito, der Datenbank DynamoDB, dem Objektspeicher S3, und den Message Busses Kinesis,
SQS und SWS integrierbar. Stand November 2017 stellt Lambda eine eventgesteuerte FaaS
Platform dar, mit welcher man beispielsweise via AWS Web Console Testings, direkte API calls
via AWS und Triggers von anderen AWS Services durchführen kann. Bereitgestellt wird es via

---

[27] (Narthan Marz, 2015)

Web Console, API oder einem 3rd Party Framework, als serverless Applikation Model oder via AWS Standards CloudWatchDogs und bei Grundlagenmetriken via CloudWatchMetrics. [28]

Die Anwendung von Funktionen

Mit Lambda ist die Abstraktion einer IT-Architektur auf die Spitze getrieben: Entwickler können ihren Code in Funktionen gruppiert in AWS hochladen, welches die Funktionen auf der Plattform ausführt. Auf diese Weise muss weder eine Programmierungsgrundlage, das OS, noch Verfügbarkeit oder Skalierbarkeit gemanagt werden. Wenn eine neue Funktion generiert werden soll, wird ein Name dafür ausgewählt, der Code wird hochgeladen und das Ausführungsumfeld muss spezifiziert werden. Hierbei muss die maximale Memory Größe, welche die Funktion benutzen darf, konfiguriert werden. Dies gilt auch für ein Timeout, nach welchem die Funktion unabhängig davon, ob sie fertig ausgeführt wurde, beendet wird. Als Drittes muss eine Rolle, welche beschreibt, was die Funktion mit welchen Ressourcen unter Benutzung von AWS Identity und Access Management machen kann, konfiguriert werden. Jede Funktion hat eine eigene Konfigurierung, sodass Standardsicherheitskomponenten spezifisch pro Funktion angewandt werden können, um einzugrenzen, was und mit welchen Ressourcen diese arbeiten kann. Diese Funktionen können direkt aufgerufen werden oder an von anderen Ressourcen generierten Events gehängt werden. Wenn eine Funktion an eine Datenbank subskribiert ist, wird die Funktion automatisch ausgeführt, wenn in der Ressource etwas passiert, geschieht dies je nachdem, welche Arten von Ereignissen abonniert sind. Beispielsweise wird eine Datei hochgeladen oder ein Datenbankelement geändert. Dann kann eine AWS Lambda Funktion auf diese Änderungen reagieren und etwas mit der neuen Datei oder den aktualisierten Daten durchführen. Eine Funktion kann das Data Warehouse synchron halten, wenn ein neuer Datensatz in eine Betriebsdatenbank geschrieben wird oder nach dem Hochladen eines Bildes Miniaturschichten erstellen, um die Bilder mit unterschiedlichen Auflösungen anzuzeigen. Auf diese Weise werden Funktionen entworfen, welche von Events gesteuert sind. Weitergehend ist es möglich, mehrere Funktionen zusammen zu verwenden, von denen einige direkt von einem Benutzergerät, beispielsweise einem Smartphone, abgerufen werden können. Andere Funktionen aus mehreren Quellen, wie eine Dateifreigabe und eine Datenbank, können ebenfalls abonniert werden, um eine vollständig ereignisgesteuerte Anwendung zu erstellen. Zur Verdeutlichung des Konzepts beschreibt Abbildung 3 einen einfachen Beispiel Flow einer Media

---

[28] (Amazon Web Services, 2017)

Anwendung, welche nach diesem Prinzip aufgebaut ist. Eine App, mit der ein Nutzer Bilder hochladen und mit Freunden teilen kann. Das Schema zeigt eine ereignisgesteuerte Anwendung zur gemeinsamen Nutzung von Medien, die mit mehreren AWS-Lambda Funktionen erstellt wurde, von denen einige direkt von der mobilen App aufgerufen werden. Die anderen Funktionen sind an Speicherquellen wie die Datenfreigabe und eine Datenbank subskribiert. Es zeigt sich, dass hierbei die grundliegenden Prinzipien umgesetzt werden, genau wie es die Anforderungen an eine Big-Data Architektur fordern. Simpel sowie leicht skalierbar, indem neue Maschinen hinzugefügt werden können. Lambda basiert auf Funktionen aller Art, sodass es für alle Anwendungen nutzbar ist. [29]

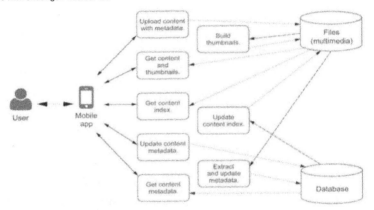

Abbildung 3 - Eine eventgesteuerte Anwendung mit AWS Lambda[30]

Struktur

Die Lambda Architektur besteht aus drei Layern: Dem Batch Layer, dem Serving Layer und dem Speed Layer. Jeder dieser Layer erfüllt spezifische Aufgaben und baut auf den Funktionalitäten der anderen Layer auf.[31]

---

[29] (Poccia, 2016)
[30] (Poccia, 2016)
[31] (Narthan Marz, 2015)

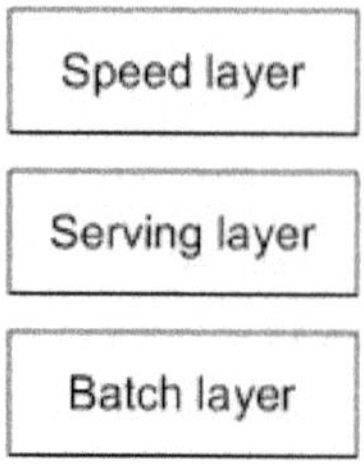

Speed layer

Serving layer

Batch layer

Abbildung 4 - Layer Systematik der Lambda Architektur[32]

Der Batch Layer speichert die Masterkopie eines Datensets und vorberechnet Batch views auf diese Masterdaten. Masterdaten entsprechen einer sehr langen Liste von Aufzeichnungen. Hier werden zwei Aufgaben ausgeführt: einerseits werden unveränderbare, ständig wachsende Masterdaten gespeichert und andererseits berechnet der Layer willkürliche views von diesen Daten. Für diese Bearbeitung wird ein Batch-Bearbeitungssystem benötigt. Oftmals kommt hier Apache Hadoop zum Einsatz. Hadoop kann Petabytes an Daten speichern und verarbeiten. Die Batch Berechnungen werden wie single-threaded Programme geschrieben, wobei die Parallelität kostenlos dazukommt. Somit ist es leicht, robuste und leicht skalierbare, indem neue Maschinen hinzugefügt werden, Berechnungen durchzuführen. Der Batch Layer emittiert somit Batch views als Ergebnis seiner Funktionen, auch zu verstehen als Set von flachen Dateien mit vorberechneten views. Diese views müssen an eine Stelle geladen werden, wo sie abgefragt werden können – hier kommt der Serving Layer ins Spiel. Er ist eine spezialisierte distributed Datenbank, welche einen Batch view lädt, indexiert und die views so anzeigt, dass sie zufällig abgefragt werden können. Da die Batch views statisch sind, muss der Serving Layer nur Batch Updates und zufällige Abfragen bereitstellen. Sobald neue Batch views bereitstehen, tauscht der Serving Layer diese automatisch aus, sodass stets die aktuellsten Ergebnisse verfügbar sind. Die Datenbank muss keine zufälligen writes unterstützen, was dazu führt, dass die Datenbank, meistens ElephantDB, sehr einfach gehalten ist, was sie robust, vorhersehbar, leicht zu konfigurieren und leicht bearbeitbar macht. Diese Layer unterstützen somit willkürliche Abfragen auf jedem willkürlichen Datensatz, jedoch nicht die Anforderung an real time beziehungsweise low latency Updates. Darunter versteht man eine Verarbeitung der Daten nahe Echtzeit, das heißt, dass die Zeitdifferenz vom Aufkommen eines Events zur Verfügbarkeit

---

[32] (Narthan Marz, 2015)

von verarbeiteten Daten dieses Events möglichst klein sein und solche Abfragen schnell ablau-
fen sollten. Dafür wird der Speed Layer eingesetzt. Der Serving Layer updatet sich jedes Mal,
wenn der Batch Layer die Vorberechnung eines Batch views abschließt. Somit sind die Daten,
welche während der Vorberechnung ins System gekommen sind, nicht im Batch view verarbeitet. Um ein Echtzeitdatensystem zu haben, das heißt, willkürliche Funktionen auf Basis willkür-
licher Daten in Echtzeit zu berechnen, braucht es den Speed Layer, welcher sicherstellt, dass
neue Daten in den Abfragen so schnell wie möglich für Anwendungen bereitstehen. Der Speed
Layer produziert genau wie der Batch Layer views basierend auf den Daten, die zur Verfügung
stehen. Der Unterschied hierbei ist jedoch, dass der Speed Layer nur aktuelle und neue Daten
einbezieht, während der Batch Layer alle Daten auf einmal verarbeitet. Dadurch hat er eine
high latency für Updates, welche der Speed Layer kompensieren kann. Im Speed Layer werden
nicht alle neuen Daten auf einmal verarbeitet, sondern es erfolgt jedes Mal ein Update, wenn
neue Daten zur Verfügung stehen. Der Batch Layer führt stets Neuberechnungen aus, der
Speed Layer inkrementelle Berechnungen, wobei nur die Änderungen neuberechnet werden,
die seit der Ausführung der letzten Berechnung vorgenommen wurden.[33,34]

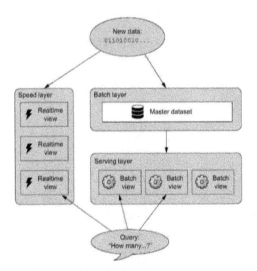

Abbildung 5 - Lambda Architektur Diagramm

---

[33] (Narthan Marz, 2015)
[34] (Kinley, 2015)

Es werden Datenbanken benutzt, welche sowohl zufällige reads als auch writes unterstützen, sodass der Speed Layer die größte Komplexität besitzt. Die vom Speed Layer produzierten real time views sind temporär, sodass, sobald die Daten sich in den Batch und Serving Layer ausgebreitet haben, die entsprechenden Ergebnisse in den real time views verworfen werden können, da sie nicht mehr benötigt werden. Diese Systematik wird als complexity isolation bezeichnet, was heißt, dass die Komplexität des Systems in den Layer gelegt wird, welcher nur temporäre Ergebnisse erzeugt. Erfolgt eine Fehlberechnung, kann der gesamte Speed Layer verworfen werden, sodass in wenigen Stunden wieder der Normalstatus erreicht wird. [35]

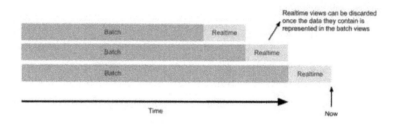

Abbildung 6 - real time views[36]

Um eine Abfrage zu bearbeiten werden sowohl real time als auch Batch views betrachtet und deren Ergebnisse fusioniert.

Letztendlich entsteht am Ende eine Architektur, die das Beste an Leistung und Robustheit kombiniert. Das System führt eine tiefe sowie exakte Berechnung im Batch Layer und eine zeitnahe jedoch nicht so exakte und tiefe Berechnung im Speed Layer durch, kombiniert die Ergebnisse der beiden Layer zu sehr exakten und zeitnahen Auswertungen, wodurch die Anforderungen des Nutzers ganzheitlich abgedeckt werden. Man erhält Updates mit niedriger Latenzzeit, da die Ergebnisse des Speed Layers temporär sind, die Komplexität hier beeinträchtigt aber nicht die Robustheit der Ergebnisse. Weitergehend kann man Berechnungen am ganzen Datensatz durchführen, um Migrationen durchzuführen oder Fehler zu beheben. Es sind niemals mehrere Versionen eines Schemas gleichzeitig aktiv. Wenn ein Schema geändert wird, können alle neuen Daten auf das neue Schema aktualisiert werden. Falls ein falscher Algorithmus bereitgestellt wird und die bereitgestellten Daten verdirbt, kann dies leicht durch eine

---

[35] (Narthan Marz, 2015)
[36] (Kinley, 2015)

Neuberechnung der verdorbenen Daten behoben werden. Es können große Mengen an Daten und verschiedene Datentypen gespeichert und verarbeitet werden, was dazu führt, dass weitreichende Möglichkeiten zur Analyse von Daten und Design neuer Anwendungen geschaffen werden, welche einen Wettbewerbsvorteil für Unternehmen bieten. Die Lambda Architektur erfüllt somit alle Anforderungen an eine Big Data Architektur. [37]

---

[37] (Narthan Marz, 2015)

Ausblick

Die Ausgangsfrage dieser Arbeit, ob neue IT-Architekturen spezifischen Anforderungen in der Praxis gerecht werden und einen Mehrwert für Unternehmen generieren können, kann positiv beantwortet werden. Die dynamische Lambda Architektur bietet die Grundlage für eine sehr agile IT-Architektur, welchen allen Anforderungen an Big Data Anwendungen gerecht wird.

Unternehmen stellen sich heutzutage oft der Frage, ob ihre IT Architektur angemessen ist und den gewünschten Mehrwert bringt. Denn IT heutzutage sollte flexibel, anpassbar und integriert sein, die grundliegenden Strukturen aber sind auf Langlebigkeit ausgelegt. Den Spagat zwischen den Backendsystemen, welche sicher und stabil sein müssen, wie beispielsweise EDA IT mit Gehaltsabrechnungen und Ähnlichem, und den hochgradig flexiblen optimierten Front-end-Anwendungen, um alle neue Technologien ausprobieren zu können und das Geschäft weiterzuentwickeln, hinzubekommen, ist die Herausforderung für Unternehmen im heutigen digitalen Zeitalter. Es braucht konkret eine modular verstellbare IT Architektur, bei welcher ohne großen Aufwand neue Schnittstellen integriert werden können, um den Geschäftsanforderungen von morgen gerecht zu werden. Wenn der Spagat gelingt, so kann ein Unternehmen schnell wichtige Insights generieren, welche das Fortbestehen eines Unternehmens im digitalen Zeitalter sichern und einen Wettbewerbsvorteil generieren können. Ganz im Sinne des Zitats von Carly Fiorina.

Literaturverzeichnis

Amazon Web Services, 2017. *AWS.* [Online]
Available at: https://aws.amazon.com/de/?nc2=h_lg
[Zugriff am 02 11 2017].

AWS re:Invent, 2015. *reinvent.awsevents.com.* [Online]
Available at: www.reinvent.awsevents.com
[Zugriff am 18 12 2017].

Deviln, D. B., 2012. *Alles in den Griff bekommen in Sachen Big Data,* München: 9Sight Consulting.

Dominik Klein, P. T.-G. M. H., 2013. *www.gi.de.* [Online]
Available at: https://www.gi.de/service/informatiklexikon/detailansicht/article/big-data.html
[Zugriff am 23 10 2017].

Fink, J., 2014. Docker: a Software as a Service, Operating System-Level Virtualization Framework. *The Code4Lib Journal,* 21 07, Volume 24(25), p. 3.

Fiorine, C., 2004. *Information: the currency of the digital age.* San Francisco: Hewlett-Packard Development Company, L.P.

Firican, G., 2017. *www.tdwi.org.* [Online]
Available at: https://tdwi.org/articles/2017/02/08/10-vs-of-big-data.aspx
[Zugriff am 23 10 2017].

Hausenblas, M., 2017. *Lambda Architekture.* [Online]
Available at: http://lambda-architecture.net/
[Zugriff am 24 10 2017].

Ingolf Zies, D. U. S., 2016. *IT-Architektur im digitalen Zeitalter,* München: Bain & Company Germany Inc..

Kinley, J., 2015. *James Kinley - The Lambda architecture: principles for architecting realtime Big Data systems.* [Online]

Available at: http://jameskinley.tumblr.com/post/37398560534/the-lambda-architecture-principles-for
[Zugriff am 07 11 2017].

Lars Bodenheimer, K. S., 2015. *Big-Data-Technologien machen das Notwenidge möglich,* München: Deteson.

Merkel, D., 2014. Docker: lightweight Linux containers for consistent development and deployment. *Linux Journal,* 01 03, Volume 2014(239), p. Article No. 2.

Mike Roberts, J. C., 2017. *AWS Lambda: Developing Serverless Applications with Java.* Boston, USA: Addison-Wesley Professional.

Mingay, S., 2016. *The Most Common Barriers to Adopting Bimodal and How to Overcome Them,* USA: Gartner.

Narthan Marz, J. W., 2015. *Big Data: Principles and best practices of scalable realtime data systems.* USA(Connecticut): Manning Publications.

Poccia, D., 2016. *AWS Lambda in Action: Event driven serverless applications.* USA(Connecticut): Manning Publications.

S., N., 2015. *Microservices: Konzeption und Design.* 1. Auflage; K.Lorenzen, Übers. Hrsg. Frechen: mitp:Verlag.

Sbarski, P., 2017. *Serverless Architectures on AWS: With examples using AWS Lambda.* USA: Manning Publications.

Thones, J., 2009. *A well earned retirement for the SOAP Search API- The official Google Code blog.* [Online]
Available at: http://googlecode.blogspot.de/2009/08/well-earned-retirement-for-soap-search.html
[Zugriff am 28 11 2017].

BEI GRIN MACHT SICH IHR WISSEN BEZAHLT

- Wir veröffentlichen Ihre Hausarbeit, Bachelor- und Masterarbeit

- Ihr eigenes eBook und Buch - weltweit in allen wichtigen Shops

- Verdienen Sie an jedem Verkauf

Jetzt bei www.GRIN.com hochladen und kostenlos publizieren

GRIN

www.ingramcontent.com/pod-product-compliance
Lightning Source LLC
La Vergne TN
LVHW042310060326
832902LV00009B/1383